# 캐릭터 소개

## 조석

웹툰 작가.
각진 얼굴과 노란색 옷이
트레이드마크.
모든 말썽과
사건사고의 중심에서
이야기를 이끌어 간다.

## 최애봉

조석의 여자친구. 현모양처가 꿈으로
요리가 취미이지만 그 맛은
핵폭탄 수준으로 끔찍하다.

## 조준

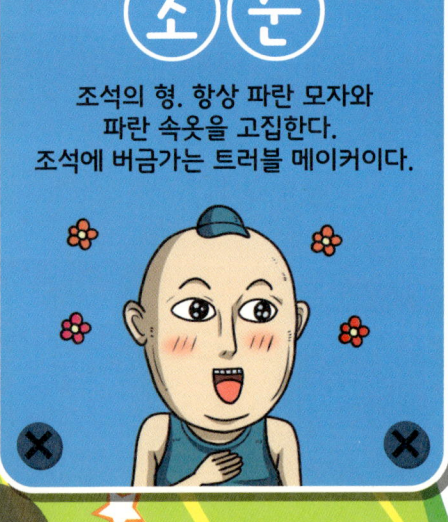

조석의 형. 항상 파란 모자와
파란 속옷을 고집한다.
조석에 버금가는 트러블 메이커이다.

아버지
조석 형제의 아버지. 본명은 조철왕. 가부장적이지만 잘 삐치는 소심한 성격이다.

어머니
조석 형제의 어머니로 조석 형제와 아버지의 말썽과 바보짓을 힘으로 다스린다.

행봉이
조석이 키우는 토이푸들로 애봉이를 닮았다.

# 차례

1. 가닥을 잡다 12
2. 가슴을 펴다 14
3. 간발의 차이 16
4. 귀가 번쩍 뜨이다 18
5. 귀가 얇다 20
6. 귀에 못이 박히다 22
7. 깨가 쏟아지다 24
8. 날개 돋치다 26
9. 눈 하나 깜짝 안 한다 28
10. 눈에 밟히다 30

**관용어 낱말퍼즐 ①** 32

11. 눈에 불을 켜다 34
12. 눈코 뜰 사이 없다 36
13. 더위를 먹다 38
14. 두말하면 잔소리 40
15. 머리를 굴리다 42
16. 무릎을 치다 44
17. 물 만난 고기 46
18. 미역국을 먹다 48
19. 밑도 끝도 없다 50
20. 바가지를 씌우다 52

**관용어 낱말퍼즐 ②** 54

21. 발 벗고 나서다 56
22. 발이 묶이다 58
23. 밤낮을 가리지 않다 60
24. 배꼽을 잡다 62
25. 뿌리 뽑다 64
26. 속이 시원하다 66
27. 손사래를 치다 68

㉘ 손에 땀을 쥐다　　　　70

㉙ 손을 맞잡다　　　　　72

㉚ 손이 맵다　　　　　　74

　　관용어 낱말퍼즐 ③　　76

㉛ 손이 모자라다　　　　78

㉜ 손이 빠르다　　　　　80

㉝ 손이 크다　　　　　　82

㉞ 숨 돌릴 사이도 없다　84

㉟ 시치미를 떼다　　　　86

㊱ 엉덩이가 근질근질하다　88

㊲ 엎지른 물　　　　　　90

㊳ 입에 침이 마르다　　　92

㊴ 입에 풀칠하다　　　　94

㊵ 입이 딱 벌어지다　　　96

　　관용어 낱말퍼즐 ④　　98

㊶ 입을 모으다　　　　　100

㊷ 자리를 털고 일어나다　102

㊸ 쥐 죽은 듯　　　　　104

㊹ 찬물을 끼얹다　　　　106

㊺ 침을 삼키다　　　　　108

㊻ 코 묻은 돈　　　　　110

㊼ 코가 납작해지다　　　112

㊽ 코웃음 치다　　　　　114

㊾ 한술 더 뜨다　　　　　116

㊿ 한숨 돌리다　　　　　118

　　관용어 낱말퍼즐 ⑤　　120

# 1 가닥을 잡다

어떤 일이나 생각 등을 이치나 논리에 맞게 정리하다

## 가닥을 잡다

'가닥'은 한군데서 갈라져 나온 낱낱의 줄기 또는 빛이나 물 따위의 줄기 등을 뜻해요. 그래서 '가닥을 잡다'라는 말은 분위기를 파악하거나 상황을 이해하여, 이치나 논리에 따라 바로잡는다는 뜻이지요. 어떤 일이 닥쳤을 때 막연하게 있기보다는 그 일을 해결하고 풀어 나갈 좋은 방법을 생각하는데, 그 과정에서 가닥을 잡아나가는 것이에요.

비슷한 말  실마리를 잡다

# 2 가슴을 펴다

굽힐 것 없이 당당하다

## 가슴을 펴다

스스로 자랑스러운 일을 하거나 누군가에게 칭찬을 들었을 때, 어떤 일에 자신감이 넘쳐흐를 때 우리는 자신도 모르게 허리를 세우고 가슴을 쭉 펴게 되지요. 이처럼 '가슴을 펴다'는 남에게 굽힐 것 없이 당당하다는 뜻이에요. 어깨를 움츠리고 자신 없는 모습보다는 가슴을 쭉 펴고 당당한 자세가 더 보기 좋겠지요?

**비슷한 말** 어깨를 펴다, 고개를 들다

# 3 간발의 차이

서로 엇비슷할 정도의 아주 작은 차이

## 간발의 차이

'간'은 사이 간(間), '발'은 터럭 발(髮)로, '간발'은 터럭(털) 하나만큼의 틈을 말해요. 따라서 '간발의 차이'는 머리카락이나 털 하나가 들어갈 만큼의 아주 작은 차이를 표현하는 말이지요. 아슬아슬하게 가치를 놓치거나, 아주 작은 점수 차이로 경기에서 가까스로 이겼을 때 등등의 상황에 간발의 차이라는 말을 쓸 수 있어요.

비슷한 말  종이 한 장 차이

# 4 귀가 번쩍 뜨이다

들리는 말에 선뜻 마음이 끌려 관심을 갖게 되다

주말 아침부터 낚시 가자고 말하는 아버지에게 피곤한 척하던 조준

정말 안 갈 거야? 가는 길에 마트에 들러서 갖고 싶다던 건담 사 줄랬더니.

번쩍

정, 정말요? 진짜 사주시는 거죠?

녀석, 꿈쩍도 안 하더니 건담이란 말에 귀가 번쩍 뜨이나 보네.

벌떡

## 귀가 번쩍 뜨이다

'뜨이다'라고 하면 감았던 눈이 떠지는 것만 생각하는데, 닫혀 있던 귀가 활짝 열려 어떤 소리가 들킬 때에도 '귀가 뜨이다'라고 해요. 여기에 '번쩍'이 붙으면 들리지 않던 것이 갑자기 들리게 된 것이니, '귀가 번쩍 뜨이다'는 다른 사람의 말이나 이야기가 무척 그럴듯해서 선뜻 마음이 끌려 관심을 갖게 되었다는 뜻이에요.

비슷한 말   솔깃하다

## 5 귀가 얇다

남의 말을 쉽게 받아들이다

## 귀가 얇다

어떤 일을 결정하거나 행동할 때 다른 사람의 말을 듣고 솔깃해서 그대로 믿는 사람한테 '귀가 얇다'고 해요. 자기주장이나 생각 없이 남의 말을 쉽게 받아들이는 사람한테 쓰지요. 귀가 얇은 사람이 되지 않기 위해서는 자기 나름의 기준을 가지고 사실 여부를 판단할 수 있는 눈을 길러야 돼요.

비슷한 말

귀가 얇다, 귀가 여리다

# 6 귀에 못이 박히다

같은 말을 여러 번 듣다

## 귀에 못이 박히다

지금은 '귀에 못이 박히다'라고 많이 쓰지만, 원래는 '귀에 못이 박이다'라고 써야 바른 표현이에요. 여기에서의 '못'은 뾰족한 쇠붙이 못이 아니라 살갗이 단단해져 손이나 발에 나는 굳은살을 의미해요. 손이나 발에 접촉이 많아지면 굳은살이 생기는 것처럼 너무 많이 듣다 보니 귀에 굳은살이 생겼다는 뜻으로 풀이될 수 있지요.

비슷한 말

귀에 딱지가 앉다, 귀에 싹이 나다

# 7 깨가 쏟아지다

오붓하고 아기자기하여 매우 재미가 나다

## 깨가 쏟아지다

'깨가 쏟아지다'의 '깨'는 참깨를 의미해요. 햇볕에 잘 말린 다음 나무막대로 탁탁 치면 참깨가 우수수 쏟아지는 진풍경이 펼쳐져요. 한 번만 툭 쳐도 우르르 쏟아지기 때문에 깨를 터는 일은 아주 재미있어요. 서로 살짝만 건드려도 깨가 쏟아지는 것처럼 알콩달콩 사랑이 넘쳐나고 재미가 난다는 뜻이지요. 특히 금실이 좋은 부부나 다정한 연인에게 많이 사용해요.

비슷한 말 　 죽고 못 살다

## 8 날개 돋치다

상품이 인기가 있어 빠른 속도로 팔려 나가다

중고장터에서 팔 시원한 음료를 열심히 만드는 애봉과 조석

우와~ 이거 끝내준다!! 이거 완전 날개 돋친 듯 팔릴 것 같아.

정말? 얼른 팔아 보고 싶다.

## 날개 돋치다

속에 생긴 것이 겉으로 나와 나타나거나 살갗에 어떤 것이 우툴두툴하게 내미는 것을 '돋는다'고 하는데 이렇게 '돋아서 내미는 것'을 '돋치다'라고 해요. 사람이나 물건에 날개가 돋아나면 아마 하늘을 훨훨 날아갈 거예요. 어떤 상품이 인기가 많아 잘 팔리는 것도 훨훨 날개가 돋아 날아간다고 생각해서 만들어진 표현이에요. 주로 '날개 돋친 듯'의 꼴로 사용해요.

비슷한 말 : 불티나다

# 9. 눈 하나 깜짝 안 한다

태도나 얼굴빛이 하나도 변하지 않고 아무렇지도 않다

# 눈 하나 깜짝 안 한다

　　　　　　　　　　　　　　　무서운 상황에 놓이거나 갑자기 놀라운 일에 맞닥뜨렸을 때 우리는 자기도 모르게 눈을 꼭 감게 되지요. 하지만 이런 상황에서도 얼굴빛이 하나도 변하지 않고 아무렇지도 않은 듯 구는 사람도 있어요. '그는 사람들의 세찬 비난에도 눈 하나 깜짝 안 하였다', '당신은 내가 아파도 눈 하나 깜짝 안 해' 등과 같은 상황에서 쓰일 수 있어요.

비슷한 말　외눈 하나 깜짝 안 한다, 눈썹도 까딱하지 않다

# 10 눈에 밟히다

어떤 것이 잊히지 않고 자꾸 생각난다

## 눈에 밟히다

'눈에 밟히다'는 어떤 것이 잊히지 않고 자꾸 생각나고 떠오른다는 뜻이에요. 간절히 보고 싶어서 눈을 감아도 모든 것이 떠오르는 듯할 때 이런 표현을 써요. '그는 어머니의 모습이 눈에 밟혀 차마 발걸음을 옮길 수 없었다', '뭐든 맛있는 것이 있으면 자식이 눈에 밟힌다'라는 표현도 이런 의미랍니다.

비슷한 말: 눈에 선하다, 눈에 어리다, 눈에 아른거리다

# 관용어 낱말퍼즐 1

**가로 열쇠**
1. ○○을 잡다.
2. 간발의 ○○.
3. 귀에 못이 ○○○.

**세로 열쇠**
1. ○○을 펴다.
2. 귀가 번쩍 ○○○.
3. 귀가 ○○.

조석, 모르겠어? 나는 답이 보인다, 보여!

관용어라~!

도대체 답이 뭐야?

① 가로 ① 세로: 가다  
② 가로 ① 치다  
② 세로 ③ 닦이다  
③ 가로 ② 피이다  
③ 세로 ③ 얹다

정답: 33

## 11 눈에 불을 켜다

1. 몹시 욕심을 내거나 관심을 기울이다
2. 화가 나서 눈을 부릅뜨다

# 눈에 불을 켜다

'눈에 불을 켜다'는 실제로 눈에 불을 켜는 것이 아니에요. 이글이글 타는 눈빛으로 뭔가에 집중하거나 관심을 기울일 때 쓰는 말이에요. '그는 돈이 생기는 일이라면 눈에 불을 켜고 달려든다', '오늘부터 눈에 불을 켜고 공부해야겠어'가 그 예지요. 또 다른 뜻으로 화가 나서 눈을 부릅뜨다라는 뜻도 있어요. '상인은 눈에 불을 켜고 버럭 소리를 질렀다'는 그런 뜻으로 쓰인 거예요.

비슷한 말: 눈에 불을 달다, 눈에 쌍심지를 켜다

## 12 눈코 뜰 사이 없다

정신 못 차리게 몹시 바쁘다

## 눈코 뜰 사이 없다

여기서 '눈코'는 우리 얼굴에 있는 눈과 코가 아니라 고기를 잡는 그물의 매듭(코)과 그 사이사이의 구멍(눈)을 가리키는 말이에요. 그물질을 한 후에는 구멍이 난 그물을 다시 떠서 손질해야 해요. 그런데 고기떼가 다시 몰려와 그물의 눈과 코를 손질할 사이도 없이 다시 고기를 잡아야 하는 상황을 '눈코 뜰 사이 없다'라고 말한 것이지요. 지금은 정신 못 차리게 몹시 바쁠 때 쓰이게 됐어요.

비슷한 말  **숨 쉴 틈도 없다**

# 13 더위를 먹다

더위 때문에 몸에 이상이 생기고 아프다

## 더위를 먹다

'더위'에는 '더운 기운'이란 뜻 말고 '더위 때문에 생기는 병'이란 뜻도 있어요. 그래서 '더위 먹다'라는 말은 더위 때문에 몸이 제 기능을 하지 못하고 아플 때 쓰는 말이에요. 몸에 이상이 생겼다는 뜻이지요. 더위가 음식도 아닌데 먹는다는 표현을 한 것은 '겁먹다', '욕먹다'처럼 '먹다'라는 말에 '무엇을 하거나 어떻게 되다'라는 뜻도 담겨 있기 때문이에요.

비슷한 말    더위가 들다

# 14 두말하면 잔소리

이미 말한 내용이 틀림없으므로 더 말할 필요가 없다

## 두말하면 잔소리

'두말'은 이랬다저랬다 하는 말 또는 이러니저러니 불평을 하거나 덧붙이는 말을 뜻해요. 따라서 '두말 하면 잔소리'는 이랬다저랬다 하거나 덧붙이는 말은 잔소리와 같다는 의미예요. 이미 말한 내용이 틀림없으므로 더 말할 필요가 없음을 강조하여 이르는 말이지요. '치킨은 최고의 간식이라는 거, 두말하면 잔소리예요'처럼 쓸 수 있어요.

**비슷한 말**
두말하면 숨차기, 두말하면 여담, 두말할 나위 없다, 말할 것도 없다

# 15 머리를 굴리다

머리를 써서 더 좋은 해결 방안을 생각해 내다

## 머리를 굴리다

'머리를 굴리다'라고 해서 머리를 공처럼 데굴데굴 굴린다는 뜻은 아니에요. '굴리다' 중에 '좋은 방법을 찾기 위해 생각을 이리저리 하다'라는 뜻도 있어요. 이처럼 머리를 쓰면서, 즉 생각을 이리저리 하면서 더 좋은 해결 방법을 생각해 내려는 것을 '머리를 굴리다'라고 해요. '아무리 머리를 굴려 봐도 답을 모르겠다'도 이런 표현이에요.

비슷한 말: 머리를 돌리다, 머리를 쓰다, 머리를 쥐어짜다

# 16 무릎을 치다

몹시 놀랍거나 기쁜 일이 있을 때나 좋은 생각이 떠올랐을 때 감탄하다

## 무릎을 치다

갑자기 어떤 놀라운 사실을 알게 되었거나 희미한 기억이 되살아날 때, 또는 몹시 기쁠 때 무릎을 탁 하고 치게 되는 동작을 표현하는 말이에요. 마치 '아하!' 하는 표현과 같아요. 또 깨달음을 얻을 때도 사용해요. '선생님은 내 대답에 "그래, 바로 그거야!" 하며 무릎을 치셨다', '엄마의 놀라운 선견지명에 무릎을 쳤다'처럼 쓰면 돼요.

비슷한 말    생각이 돌다

## 17 물 만난 고기

어려운 형편에서 벗어나 크게 활약할 곳을 찾게 된 처지

## 물 만난 고기

물고기는 땅보다 물에서 뭐든 더 잘해요. 물속에 있을 때 신나고 능력을 더 잘 발휘할 수 있지요. 사람들도 자신의 능력이나 관심사를 마음껏 펼칠 수 있는 환경이 되었을 때 더 큰 활약을 할 수 있어요. '난 과학엔 흥미가 없지만 수학을 할 때는 정말로 물 만난 고기처럼 여겨진다'와 같은 예처럼 어려운 처지에서 벗어나 크게 활약할 곳을 찾았을 때 쓰는 말이에요.

**같은 뜻의 고사성어** 여어득수(如魚得水)

# 18 미역국을 먹다

시험에서 떨어지다, 직위에서 떨어지다, 퇴자를 맞다

## 미역국을 먹다

'미역국을 먹는다'는 '시험에 합격하지 못하고 미끄러져서 떨어진다'는 뜻으로, 미역이 미끌미끌하기 때문일 거라고 생각되지요. 하지만 처음부터 그런 의미로 쓰인 것은 아니에요. 구한말 일제 침략자들이 우리나라 군대를 강제로 해산시켰을 때, 그 '해산'이란 말이 아이를 낳는다는 '해산'과 말소리가 같고, 해산할 때에 미역국을 먹는 풍속과 관련하여 이 말이 나왔다고 해요. 두려움에 해산이란 말을 직접 쓰지 못하고 '미역국을 먹었다'는 말로 대신한 것이지요.

**비슷한 말** 미끄러지다

# 19 밑도 끝도 없다

앞뒤 상황과 관계없는 말을 불쑥 꺼내어 갑작스럽거나 갈피를 잡을 수 없다

## 밑도 끝도 없다

일은 시작이 있으면 끝이 있고, 물건은 위가 있으면 아래가 있어요. 그래서 앞뒤 상황과 관계없는 말을 불쑥 꺼내어 갑작스럽고 갈피를 잡을 수 없을 때, 시작되는 부분도 끝나는 부분도 없이 갑자기 본론만 말할 때 '밑도 끝도 없다'라는 표현을 써요. 말을 꺼내게 된 이유도, 의도도 알 수 없이 불쑥 튀어나온 말에 쓰이지요.

비슷한 말: 뜬끔없다, 느닷없다

# 20 바가지를 씌우다

요금이나 물건값을 가격보다 비싸게 사게 하여 손해를 보다

## 바가지를 씌우다

'바가지를 씌우다'라는 말은 조선 말기에 중국에서 들어온 노름에서 유래되었다고 해요. 1부터 10까지 적힌 바가지를 엎어 놓고, 이리저리 섞은 뒤 말한 숫자가 들어 있는 바가지를 맞추는 노름인데, 여기서 실패하면 돈을 잃고 손해를 보았기 때문에 이런 표현이 생긴 거라고 해요. 지금은 실제보다 비싸게 사게 하여 손해를 보게 한다는 의미로 쓰이고 있어요.

비슷한 말  덤터기를 씌우다

# 관용어 낱말퍼즐 2

**가로 열쇠**

1. 얼음판에서 ○○○○○.
2. '원숭이'를 이르는 말로, 원숭이띠를 ○○○띠라고도 해요.
3. 스위치를 ○○.

**세로 열쇠**

1. ○○○을 먹다.
2. 두말하면 ○○○.
3. 더위를 ○○.

여기 문제도 모르겠어! 으아앙~

잘 풀어봐! 그래야 다음으로 넘어가지!

정답 : 가로 열쇠 ①미끄러지다 ②잔가지 ③울다  세로 열쇠 ①미역국 ②잡수시기 ③꾸다

## 21 발 벗고 나서다

어떤 일을 마치 자기 일처럼 열심히 적극적으로 나서서 하다

## 발 벗고 나서다

발에 걸쳐진 것들을 벗어 아무것도 신지 않는 것을 '발을 벗다'라고 해요. 옛날 우리 조상들은 모내기 같은 논일을 하기 위해서 신발을 벗고 맨발로 일을 했어요. 농사일에 적극적으로 참여할 때에는 발 벗고 나서야 했던 거죠. 지금은 어떤 일을 마치 자기 일처럼 적극적으로 나서서 한다는 뜻으로 쓰이고 있어요.

비슷한 말 맨발 벗고 나서다, 소매를 걷어붙이다

## 22 발이 묶이다

몸을 움직일 수 없거나 활동을 할 수 없는 형편이 되다

# 발이 묶이다

발을 묶어 놓으면 한 발자국도 뗄 수 없듯이, '발이 묶이다'는 돈이 떨어지거나 교통수단이 두절되어 몸을 움직일 수 없거나 일을 할 수 없는 형편이 되는 것을 말해요. '눈사태로 등산객들의 발이 묶였다', '그는 집안일에 발이 묶여 당분간은 공부를 할 수 없게 되었다'와 같은 예를 들 수 있지요.

비슷한 말    발목이 묶이다, 오도 가도 못하다

## 23 밤낮을 가리지 않다

쉬지 않고 계속하다

윗집의 층간소음으로 괴로워하는 조석

에휴~
윗집에서 밤낮을 가리지 않고
노래 연습을 하는데
듣는 사람은 미치겠어.

그렇게 열심히 하는데
좀 봐 줘라. 혹시 모르잖아.
유명한 가수가 될지도….

## 밤낮을 가리지 않다

사람들은 대부분 밤에는 쉬고 낮에는 일이나 활동을 해요. 하지만 좋아하는 일이나 꼭 목표를 이루고자 하는 일을 할 때에는 밤이고 낮이고 계속하게 되지요. 화가가 되기 위해서 밤낮으로 그림 연습을 하거나 외국어를 익히기 위해 밤낮으로 노력할 때처럼 말이에요. 이처럼 밤과 낮의 구별 없이 쉬지도 않고 계속할 때 '밤낮을 가리지 않다'라고 말해요.

비슷한 말

밤낮이 따로 없다, 주야장천(晝夜長川)

# 24 배꼽을 잡다

웃음을 참지 못하고 배를 움켜잡고 크게 웃다

TV를 보다가 큰 소리로 웃는 조석

푸하하! 진짜 웃겨!

뭐가 그리 재미있어서 배꼽을 잡고 웃는 거냐?

저기 보세요. 엄마 아빠랑 완전 똑같이 생겼어요.

잠시 옆 부부와 인터뷰를 나눠 보도록 하겠습니다.

## 배꼽을 잡다

코미디 프로그램을 보다가 너무 웃긴 나머지 배가 아플 정도로 웃었던 적이 있을 거예요. 그때는 배가 당겨서 자기도 모르게 배꼽에 손을 얹고 뒹굴게 되지요. 너무 우스워 배를 안고 있는 모습이 배꼽을 쥐고 있는 것과도 같아서 '배꼽을 쥐다', '배꼽을 잡다'라고 표현하는 거예요.

비슷한 말    배꼽을 쥐다, 허리를 잡다

## 25 뿌리 뽑다

어떤 것이 생겨나고 자랄 수 있는 근원을 없애 버리다

## 뿌리 뽑다

풀의 뿌리를 뽑으면 다시 자랄 수 없어요. 뿌리는 생명의 근원이니까요. 그렇기 때문에 풀을 없애기 위해서는 잎만 자르는 게 아니라 뿌리까지 뽑아야 한다는 말이에요. 뿌리가 문제의 근원이라면 '뿌리 뽑다'는 문제의 원인을 해결하거나 문제의 근원을 깨끗하게 없애 버린다는 뜻이지요. '학교 폭력을 뿌리 뽑자!'라는 말도 근본 문제 해결을 통해 학교 폭력을 완전히 없애자는 말이에요.

비슷한 말: 씨를 말리다

# 26 속이 시원하다

뜻대로 이루어지거나 걱정이 사라져 마음이 상쾌해지고 후련하다

커다란 새 오븐을 장만한 애봉

어때? 근사하지?

와~! 작은 오븐 쓰느라 엄청 답답해 했잖아. 바꾸니까 내 속이 다 시원하다!

## 속이 시원하다

'속이 시원하다', '속이 풀리다'는 마음속의 문제들이 해결되어서 편안해진 상태를 소화불량이나 배변불량 등으로 막혀 있었던 속, 즉 배 안에 든 내장과 관련된 문제가 해결되어 편안해진 것으로 표현해요. 좋은 일이 생기거나 나쁜 일이 없어져서 마음이 상쾌하고 후련하다는 뜻이지요. '시험이 모두 끝나고 나니 속이 다 시원하다'처럼 사용할 수 있어요.

비슷한 말

속이 트이다,
속이 풀리다,
속이 뻥 뚫리다,
속이 후련하다

## 27 손사래를 치다

거절하거나 아니라고 부인할 때 손을 펴서 허공을 마구 휘젓다

## 손사래를 치다

상대방에게 뭔가를 부탁받았는데 못하겠다고 거절할 때, 어떤 말이나 사실을 부인하거나 남에게 조용히 하라고 할 때 사람들이 주로 하는 동작이 있어요. 바로 손을 펴서 휘젓는 것인데요. 이런 행동을 표현한 말이 '손사래를 치다'예요. 뜻밖에 억울한 일을 당했을 때 거세게 아니라고 부인할 때도 하는 동작이지요.

## 28 손에 땀을 쥐다

아슬아슬하여 마음이 조마조마하도록 몹시 애달다

## 손에 땀을 쥐다

아슬아슬한 운동 경기를 지켜볼 때, 중요한 시험을 눈앞에 두고 있을 때, 공포 스릴러 영화를 감상할 때 등 일상생활에서 자신도 모르게 손에서 땀이 나는 경우가 있어요. '손에 땀을 쥐다'라는 말은, 주로 날씨가 덥거나 운동을 하거나 긴장을 할 때 분비되는 땀의 성질에서 비롯된 말이에요. 아슬아슬하여 마음이 몹시 조마조마하고 긴장된다는 뜻이지요.

비슷한 말   마른침을 삼키다

# 29 손을 맞잡다

서로 뜻을 같이 하여 도움을 주고받고 긴밀하게 협력하다

## 손을 맞잡다

우리말 관용어 중에는 '손'이 들어간 표현이 아주 많은데, 주로 일과 관련된 내용들이에요. 일을 하려면 대부분 손을 사용하지 않고는 불가능하기 때문이겠지요. '손을 맞잡다'라는 뜻도 일을 할 때 서로 뜻을 같이하여 도움을 주고받는다는 뜻이에요. '두 회사는 손을 맞잡았다', '경찰과 교사들은 손을 맞잡고 온 힘을 다해 학교 폭력을 줄이기로 했다'와 같은 예에서 볼 수 있어요.

**비슷한 말** 손을 잡다, 손에 손을 잡다

# 30 손이 맵다

**손으로 슬쩍 때려도 몹시 아프다**

## 손이 맵다

누군가 내 등을 살짝 때렸을 때 유달리 아프게 느껴질 때가 있어요. 이럴 때 '손이 맵다'는 표현을 많이 쓰지요. 매운 것을 먹었을 때 혀가 얼얼해지고 아프게 느껴지는 것에 빗대어 '손이 맵다'라고 표현한 것일 수도 있고, '맵다'에는 사납고 독하다는 뜻도 있기 때문에 손이 사납고 독하다는 뜻으로 쓰인 것일 수도 있어요. '손이 맵다'에는 일하는 것이 빈틈없고 매우 야무지다는 전혀 다른 뜻도 있어요.

비슷한 말: 손끝이 맵다, 손때가 맵다

# 관용어 낱말퍼즐 3

**가로 열쇠**

1. 속이 ○○○○.
2. 다른 곳에서 찾아온 사람을 일컫는 손을 높여 부르는 말.
3. ○○를 굴리다, ○○를 쓰다.

**세로 열쇠**

1. 손이 ○○.
2. ○○○를 치다.
3. ○○ 뽑다.

# 31 손이 모자라다

할 일이 많아서 일손이 모자라다

애봉이네 집에 놀러간 조석

빵 만들고 있었구나?

응. 불우이웃에게 나눠 줄 빵을 만드는 중이야.

안 그래도 손이 모자라던 참인데 잘됐다. 빵 만드는 거 좀 도와줄래?

좋아! 좋은 일 하는데 나도 거들어야지.

질끈

## 손이 모자라다

'손'에는 일을 하는 사람이라는 뜻도 있어요. 일손이라고도 하지요. 그래서 '손이 모자라다'라는 뜻은 할 일이 많아서 일을 할 수 있는 사람이 부족하다는 뜻이에요. '한창 손이 모자라 애를 먹고 있는데 잘 왔다'와 같은 표현에서 볼 수 있어요. 반대로 일에 비해서 일할 사람이 많을 때에는 '손이 남다'라고 해요. '공사장에 손이 남아서 인부들 중 절반 이상이 집으로 돌아갔다'처럼 쓸 수 있어요.

비슷한 말: 손이 달리다, 손이 부족하다

# 32 손이 빠르다

**일을 처리하는 속도가 빠르다**

## 손이 빠르다

'손이 빠르다'라는 말은 무슨 일을 할 때 능숙하게 빠르게 잘한다는 뜻이에요. '그 직원은 손이 참 빨라'라고 하면, 그 직원은 그 일에 능숙해서 빠른 시간에 그 일을 잘 처리한다는 뜻이지요. 손을 빠르게 움직이면 그만큼 일을 빨리 끝낼 수 있기 때문이에요. '손이 빠르다'의 또 다른 뜻으로는 물건이 잘 팔려 나간다는 뜻도 있답니다.

비슷한 말: 손이 싸다, 손이 재다

# 33 손이 크다

**씀씀이가 후하고 크다**

## 손이 크다

같은 음식을 만들어도 남을 정도로 항상 푸짐하게 만드는 사람이 있어요. 이런 사람들에게 흔히 '손이 크다'고 하지요. '손이 크다'는 이처럼 씀씀이가 후하고 크다는 뜻이에요. 돈이나 물건을 아끼지 않고 넉넉하게 쓴다는 뜻이지요. '학교 앞 분식점 아주머니는 손이 커서 떡볶이를 아주 넉넉하게 주신다'처럼 쓸 수 있어요. '손이 크다'에는 수단이 좋고 많다는 뜻도 있답니다.

비슷한 말: 손이 걸다

# 34 숨 돌릴 사이도 없다

잠시 쉴 만한 여유도 없이 몹시 바쁘다

# 숨 돌릴 사이도 없다

'숨을 돌리다'는 가쁜 숨을 가라앉히거나 잠시 여유를 얻어 휴식을 취한다는 뜻이에요. 그런데 숨 돌릴 사이가 없을 정도면 얼마나 바쁘겠어요. 그래서 '숨 돌릴 사이도 없다'는 가쁜 숨을 가라앉힐 여유가 없을 만큼 정신없이 바쁜 것을 의미해요. 좀 쉴 만한 시간적 여유도 없이 몹시 바쁘다는 뜻이지요. '사이'의 준말인 '새'를 써서 '숨 돌릴 새도 없다'로 쓰기도 해요.

비슷한 말

숨 돌릴 틈도 없다, 숨 쉴 사이가 없다, 숨 쉴 새도 없다

## 35 시치미를 떼다

자기가 한 일을 안 한 체하거나 알고도 모르는 체하다

## 시치미를 떼다

시치미는 아주 옛날부터 이어져 온 매사냥(매를 훈련해 야생 먹이를 잡는 사냥)에서 나온 말이에요. 매 주인이 자신의 매임을 표시하기 위해 붙이는 이름표를 시치미라고 했지요. 그런데 남의 매를 탐내던 사람이 시치미를 떼어 버리고는 자기 매라고 우기는 경우가 있었어요. 그래서 자기가 해 놓고도 아닌 척, 알고도 모르는 척할 때 '시치미를 뗀다'고 하는 거랍니다.

비슷한 말

시치미를 잡아떼다,
시침을 떼다,
오리발을 내밀다,
입을 닦다

# 36 엉덩이가 근질근질하다

한군데 가만히 앉아 있지 못하고 자꾸 일어나 움직이고 싶어하다

# 엉덩이가 근질근질하다

'근질근질하다'는 어떤 것이 살갗에 닿아 가려운 느낌이 든다는 뜻이지만, 어떤 행동을 하고 싶어서 자꾸 움직이고 싶은 충동을 느낀다는 뜻으로도 쓰여요. 그래서 한군데 가만히 앉아 있지 못하고, 자꾸 일어나 움직이고 싶어 할 때 '엉덩이가 근질근질하다'고 표현하는 거예요. 공부를 하다 얼마 지나지 않아 몸을 배배 꼬기 시작하면 '벌써 엉덩이가 근질근질하니?'라는 말을 듣게 되는 경우가 생기지요.

**비슷한 말**

엉덩이가 들썩거리다

## 37 엎지른 물

다시 바로잡거나 되돌릴 수 없는 일

학교 시험에서 실수를 한 애봉

저런….

으아~ 실수로 답을 하나씩 밀려서 썼어!

이미 엎지른 물인데 어쩌겠어. 다음부턴 더 꼼꼼하게 하면 되지.

"석아, 이것 봐! 바로 썼으면 10점인데 밀려 쓰는 바람에 30점 맞았어! 대박이지?"

"그, 그래. 대박이다…."

## 엎지른 물

옛날 강태공이라는 사람이 어려운 가정 형편을 돌보지 않자, 그의 아내는 강태공을 두고 떠나버렸어요. 얼마 후 강태공이 높은 벼슬에 오르자 아내는 강태공을 찾아가 자신을 다시 아내로 받아달라고 사정했어요. 그러자 강태공이 부인 앞에서 물을 쏟아 놓고, "물을 쏟은 다음 다시 담을 수 있으면 아내로 맞이하겠소."라고 대답했다는 이야기예요. 한번 엎지른 물은 다시 그릇에 담을 수 없듯이, 이미 저지른 일도 다시 바로잡기 힘들겠지요.

**비슷한 말** 쏘아 놓은 화살이요, 엎지른 물이다, 깨진 그릇 이 맞추기

## 38 입에 침이 마르다

다른 사람이나 물건에 대하여 거듭해서 말하다

> 애봉이가 맛집이라고 자랑하던 음식점에 온 조석

그렇게 맛있다고 입에 침이 마르도록 칭찬하더니 왜 손님이 이렇게 없어? 더구나 주말 저녁인데…

아직 안 알려졌겠지. 너도 한 번만 먹어 보면 완전 반할걸?

썰렁~

# 입에 침이 마르다

'입에 침이 마르다'는 입안이 건조하다는 표현이 아니라 입에 침이 마를 정도로 어떤 사실을 아주 좋게 말하거나 여러 번 말하는 것을 표현해요. 했던 말을 계속 반복하다 보면 침이 새로 생겨날 새도 없어 입안에 침이 마른다는 거죠. '선생님들은 지수의 성실함에 대해 입에 침이 마르도록 칭찬을 하셨다'라는 표현에서처럼 주로 '입에 침이 마르도록', '입에 침이 마르게'로 써요.

**비슷한 말**

입이 닳다,
입이 마르다,
침이 마르다,
혀가 닳다

# 39 입에 풀칠하다

겨우 목숨이나 부지할 정도로 힘들게 먹고 살아간다

# 입에 풀칠하다

'풀칠하다'에는 종이 따위를 붙이려고 무엇에 풀을 바르다는 뜻 외에 '겨우 끼니를 이어가다'라는 뜻도 있어요. 옛날에는 문에 종이를 바를 때, 남은 밥으로 풀을 만들어 칠하고는 했어요. '입에 풀칠하다'는 제대로 된 밥은 먹지도 못하고, 많은 양의 물에다 곡식을 조금 넣어서 끓이는 풀죽이나 먹을 정도로 가난한 생활을 한다는 뜻이에요. 겨우 목숨이나 이어나갈 정도로 굶지 않고 근근이 산다는 말이지요.

**비슷한 말**: 목구멍에 풀칠하다, 손가락만 빨다

# 40 입이 딱 벌어지다

매우 놀라거나 좋아하다

## 입이 딱 벌어지다

엄청난 장면을 목격하거나 깜짝 놀라는 일이 생기면 자신도 모르게 입부터 벌어지게 되지요. 이처럼 '입이 딱 벌어지다'라는 말은 매우 크게 놀라거나 좋아하다는 뜻이에요. '딱'을 '떡'으로 바꿔서 '입이 떡 벌어지다'로 쓰기도 해요. '관광객들은 박물관의 규모를 보고 입을 딱 벌렸다', '입이 딱 벌어지게 아름다운 설악산의 단풍에 외국인들은 감탄했다'처럼 쓸 수 있어요.

**비슷한 말**

입을 다물지 못하다, 입을 벌리다, 눈이 휘둥그레지다

**가로 열쇠**

1. ○○○를 떼다.
2. ○○○을 내밀다.
3. 입에 침이 ○○○.

**세로 열쇠**

1. 무릎을 ○○.
2. 어제, ○○, 내일
3. 입에 ○○○○.

인터넷에서 찾아 봐야겠어.

헤헤^^

넌 문제를 풀어, 난 빵을 만들테니!

정답 : 가로 열쇠 ① 미자카 ② 프림달 ③ 러그
세로 열쇠 ① 지다 ② 오즉 ③ 롤룸하다가

# 입을 모으다

여러 사람이 같은 의견을 말하다

## 입을 모으다

'입을 모으다'에서 '입'은 사람의 말이나 의견을 뜻해요. '입을 모으다'는 여러 사람이 마치 하나의 입이 움직이듯 같은 내용과 같은 의견을 말한다는 뜻이에요. '모든 학생이 입을 모아 은비를 회장으로 추천했다', '다이어트를 심하게 하면 건강을 해친다고 의사들은 입을 모아 말한다'와 같은 예에서 볼 수 있어요.

비슷한 말   한목소리를 내다

# 42 자리를 털고 일어나다

아파서 누워 있던 사람이 병이 나아서 일어나다

# 자리를 털고 일어나다

병이 나서 앓아누웠다는 뜻의 '자리에 눕다'라는 말이 있어요. 자리에 누웠던 사람이 자리를 털고 일어났으니 '자리를 털고 일어나다'는 아파서 누워 있던 사람이 병이 나아서 일어나 활동하다는 뜻이에요. '자리를 털고 일어나다'에는 다른 뜻도 있는데, '다른 곳으로 옮기려고 있던 곳에서 움직이다'라는 뜻도 있어요. '나는 이만 가 봐야겠다며 자리를 털고 일어났다'처럼 쓰여요.

비슷한 말

자리를 걷고 일어나다, 자리를 털다

# 43 쥐 죽은 듯

아무 소리로 내지 않고 꼼짝하지도 않는 모양을 나타내는 말

## 쥐 죽은 듯

옛날에는 집 천장의 빈 공간 같은 곳에 쥐들이 많이 살았어요. 그래서 한밤중에 누워 잠을 청하려고 하면 천장의 쥐들이 찍찍대며 우당탕 뛰어다니는 소리가 들렸어요. 그런 쥐들이 모두 죽으면 아주 조용하게 느껴지겠지요? 그래서 '쥐 죽은 듯 조용하다'라는 표현이 나왔어요. 마치 쥐가 죽은 것처럼 아무 소리도 내지 않고 꼼짝하지도 않는 모양을 나타내는 말이지요.

**비슷한 말** 물을 끼얹은 듯

## 나나 찬물을 끼얹다

잘되어 가고 있는 일에 뛰어들어 분위기를 흐리거나 공연히 트집을 잡아 훼방을 놓다

## 찬물을 끼얹다

'찬물을 끼얹다'는 한참 진행 중인 일을 중단하게 하는 말이나, 행동을 가리키는 말이에요. 주로 화기애애한 분위기가 갑자기 어색하게 되거나, 신나게 일하고 있는 중에 그 일을 그만두게 훼방 놓는 것을 말하지요. 친구들과 재미있게 놀고 있는데 누가 와서 재미없는 행동을 한다거나, 숙제를 잘 하고 있는데 친구가 방해한다든지, 책을 읽고 있는데 그 책이 재미없다며 트집 잡을 때 쓸 수 있는 표현이에요.

**비슷한 말**
고춧가루를 뿌리다,
산통을 깨다,
재를 뿌리다,
초를 치다

# 45 침을 삼키다

1. 음식 따위를 몹시 먹고 싶어 하다
2. 자기 소유로 하고자 몹시 탐내다

## 침을 삼키다

치킨집 앞을 지나가다가 냄새만 맡아도 나도 모르게 입에 침이 고이면서 침을 꿀꺽 삼키게 되지요. '침을 삼키다'는 이처럼 입안에 침이 고여 꿀꺽 삼킬 만큼 음식을 몹시 먹고 싶어서 입맛을 다실 때 쓰는 표현이에요. 또 다른 의미로는 '이익이나 재물을 보고 매우 욕심을 내다'는 뜻도 있답니다. 자기 것으로 만들고 싶어서 몹시 탐을 낸다는 뜻이지요.

비슷한 말: 군침을 삼키다, 군침을 흘리다, 침을 흘리다

# 46 코 묻은 돈

어린아이가 가지고 있는 적은 돈

# 코 묻은 돈

'코 묻은 돈'에서 '코'는 콧물을 가리켜요. 콧물이 묻은 돈이라는 뜻이지요. 옛날에는 아이들이 감기에 걸려서 늘 콧물을 달고 사는 경우가 많았는데, 그런 아이들을 코흘리개라고도 불렀어요. 따라서 '코 묻은 돈'은 이런 아주 어린 코흘리개들이 가지고 다니는 적은 액수의 돈을 말하는 거예요. '치사하게 코 묻은 돈을 뺏어가다니!', '불법 아이템을 판매하여 아이들로부터 코 묻은 돈을 떼어간다'처럼 쓰일 수 있어요.

# 47 코가 납작해지다

무안을 당하거나 기가 죽어 위신이 뚝 떨어지다

## 코가 납작해지다

'코가 납작해지다'는 몹시 무안을 당하거나 기가 죽어 위신이 뚝 떨어졌다는 의미예요. 대신에 '코가 솟다'는 말은 그 반대로 뽐낼 일이 있어 우쭐해지며 기세가 산다는 뜻이에요. 또 '코가 세다'는 자기 생각대로만 하려는 고집이 있다는 말이고, '코가 높다'는 잘난 체하는 기세가 있다는 의미지요. 이런 관용어들을 보면 코는 대체적으로 기세나 힘, 자존심 등을 상징하고 있는 경우가 많다는 걸 알 수 있어요.

비슷한 말 : 콧대 꺾이다

# 48 코웃음 치다

남을 깔보거나 비웃다

## 코웃음 치다

'코웃음'은 콧소리를 내거나 코끝으로 가볍게 웃는 비난조의 웃음을 말해요. 어이없거나 말도 안 되는 말을 들을 때 자신도 모르게 '흥' 하는 콧소리부터 나올 때가 있지요. 이때 입꼬리가 살짝 올라가면서 꼭 비웃는 모습처럼 되기 때문에, '코웃음 친다'가 남을 깔보고 비웃는다는 뜻으로 쓰이는 거예요. '뻔히 들킨 거짓말을 늘어놓는 동생의 모습에 나는 코웃음을 쳤다'와 같이 쓸 수 있어요.

# 49 한술 더 뜨다

이미 잘못되어 있는 일에서 한 단계 더 나아가 엉뚱한 짓을 하다

## 한술 더 뜨다

'한술'은 숟가락으로 한 번 뜬 음식이라는 뜻이에요. 여기서 한술을 더 뜨는 행동이 부정적으로 변해서 정도가 지나치다는 의미로 쓰이게 되었어요. 이미 어느 정도 잘못된 일에 대하여 한 단계 더 나아가 엉뚱한 짓을 한다는 의미가 되었지요. '내가 춤을 추기 시작하자 친구는 한술 더 떠서 노래까지 부르기 시작했다'처럼 쓰일 수 있어요.

비슷한 말

**불난 집에 부채질하다**

# 50 한숨 돌리다

어려운 일을 끝내거나 힘겨운 고비를 넘기고 잠깐의 여유를 갖다

## 한숨 돌리다

'숨 돌리다'라는 말은 가쁜 숨을 가라앉히거나 잠시 여유를 얻어 쉰다는 뜻이에요. '한숨'은 '휴~' 하고 크게 내쉬는 숨 말고도 잠깐 동안의 휴식이나 잠을 뜻하기도 해요. 그래서 '한숨 돌리다'는 어려운 일을 끝내거나 힘겨운 고비를 넘기고 잠깐의 휴식이나 여유를 갖는다는 말이에요. '숙제를 마치고 겨우 한숨을 돌렸다'와 같이 쓰일 수 있지요.

**비슷한 말** 숨을 고르다, 숨을 돌리다, 한숨 놓이다

# 관용어 낱말퍼즐 5

### 가로 열쇠

1. ○○ 더 뜨다.
2. ○○를 털고 일어나다.
3. ○○○ ○.

### 세로 열쇠

1. ○○ 돌리다.
2. ○○를 굴리다, ○○를 쓰다.
3. ○○을 끼얹다.

2021년 12월 5일 초판 인쇄
2021년 12월 10일 초판 발행

▪**원작/** 조석

▪**글/** 안영주 ▪**그림/** 김기수

▪**발행인/** 정동훈

▪**편집인/** 여영아

▪**편집/** 송미진, 김상범

▪**미술/** 김환겸

▪**제작/** 김종훈

▪**발행처/** (주)학산문화사

▪**등록/** 1995년 7월 1일 제3-632호

▪**주소/** 서울시 동작구 상도로 282

▪**전화/** (편집)02-828-8823, 8873 (주문)02-828-8962

▪**팩스/** 02-823-5109

http://www.haksanpub.co.kr

NAVER WEBTOON 2021 ⓒ조석
※본 제품은 한국 내 독점 판권 소유자인 네이버웹툰 유한회사와의 상품화 계약에 의해 제작, 생산되므로 무단 복제 시 법의 처벌을 받습니다.

ISBN 979-11-348-8058-3
ISBN 979-11-348-8055-2 (세트)